Fifth Edition

Spanish Is Fun

Cuaderno de ejercicios

Book 1

Heywood Wald

Former Assistant Principal
Foreign Language Department
Martin Van Buren High School
New York City

Lori Langer de Ramirez, Ed.D.

http://www.miscositas.com

AMSCO

AMSCO SCHOOL PUBLICATIONS, INC.,
a division of Perfection Learning®

Cover design by Delgado and Company Inc.
Text design by Progressive Information Technologies
Typeset by Lapiz Digital Services

Copyright © 2017 by Perfection Learning®

Please visit our websites at:
www.amscopub.com and *www.perfectionlearning.com*

When ordering this book, please specify:
Softcover: ISBN 978-1-5311-0633-1 or **30927**
eBook: ISBN 978-1-5311-0636-2 or **30927D**

3 4 5 6 7 PP 22 21 20 19 18

Printed in the United States of America

Preface

This *Cuaderno de ejercicios* supplements the practice materials in SPANISH IS FUN, BOOK 1, 5TH EDITION. The vocabulary and structural elements are closely coordinated with parallel chapters in the textbook.

While some exercises use techniques similar to those in the basal text, others extend the range of the materials. The workbook format provides opportunity for writing practice and intensive homework. The fourth edition of *Cuaderno de ejercicios* provides a more varied range of exercises and uses numerous illustrations to facilitate comprehension. More open-ended, personalized exercises were added to make this an even more enjoyable text for students and teachers.

Contents

Contents

EJERCICIO A

When you walk down the street, you see lots of people and things. Can you name in Spanish 20 objects or persons that are in the picture on the previous page?

1. el hotel _____

2. _____

3. _____

4. _____

5. _____

6. _____

7. _____

8. _____

9. _____

10. _____

11. _____

12. _____

13. _____

14. _____

15. _____

16. _____

17. _____

18. _____

19. _____

20. _____

EJERCICIO B

Match each noun to an adjective that describes it the best, and write your own sentences.

EXAMPLE: aeropuerto   grande
      El aeropuerto es grande

1. el sándwich
2. el amigo
3. la fiesta
4. el auto
5. la lección
6. la actriz
7. la gorra
8. el libro
9. el perro
10. el artista

a. inteligente
b. moderna
c. difícil
d. famosa
e. rápido
f. interesante
g. popular
h. delicioso
i. magnífico
j. adorable

1. _____

2. _____

3. _____

4. _____

5. _____

6. _____

7. _____

8. _____

9. _____

10. _____

EJERCICIO C

Answer these personal survey questions by checking off all adjectives that apply. Then write a sentence to state your answer.

EXAMPLE: ¿Cómo es tu madre?　　　☐ grande　☑ inteligente　☑ sociable
Mi madre es inteligente y sociable.

1. ¿Cómo es tu padre?　　　　　☐ popular　☐ importante　☐ inteligente

_____

2. ¿Cómo es tu computadora?　　　☐ grande　☐ rápida　☐ moderna

_____

3. ¿Cómo es tu mascota (perro o gato)?　☐ excelente　☐ adorable　☐ grande

_____

4. ¿Cómo es el jardín de tu casa?　　☐ grande　☐ tropical　☐ natural

_____

5.　¿Cómo es tu mejor amigo/a?　☐ sociable　　☐ inteligente　　☐ popular

6.　¿Cómo es tu escuela?　　☐ excelente　　☐ grande　　☐ importante

7.　¿Cómo es la bicicleta?　　☐ importante　☐ grande　　☐ moderna

8.　¿Cómo es tu estéreo?　　☐ fácil　　☐ excelente　　☐ importante

9.　¿Cómo es tu casa?　　☐ excelente　　☐ importante　☐ grande

10.　¿Cómo es tu libro favorito?　☐ popular　　☐ difícil　　☐ importante

EJERCICIO D

Crucigrama. Fill in the correct Spanish words.

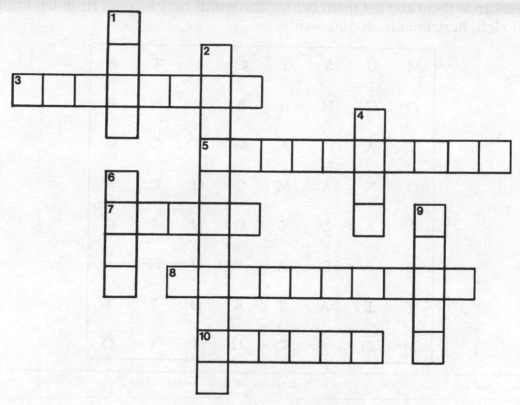

HORIZONTAL	VERTICAL
3. gasoline	**1.** flower
5. student	**2.** intelligent
7. radio	**4.** movies
8. secretary	**6.** train
10. theater	**9.** friend

EJERCICIO E

Buscapalabras. There are 14 Spanish nouns from this chapter hidden in the puzzle. Circle them and list them below. The words may be read from left to right, right to left, horizontally, or diagonally.

M	Ú	S	I	C	A	T	A
O	C	N	A	B	V	N	P
T	A	C	A	M	I	G	O
O	N	A	M	C	Ó	C	S
R	A	D	I	O	N	I	G
E	R	D	A	P	U	N	A
T	E	A	T	R	O	E	T
M	O	S	Q	U	I	T	O

1. _____   8. _____

2. _____   9. _____

3. _____   10. _____

4. _____   11. _____

5. _____   12. _____

6. _____   13. _____

7. _____   14. _____

EJERCICIO A

Make the following sentences plural. Be sure to change the noun, the adjective, and the verb.

EXAMPLE: El perro es grande.
Los perros son grandes.

1. El disco compacto es popular.

   _____

2. El diccionario es importante.

   _____

3. La abuela es simpática.

   _____

4. El garaje es excelente.

   _____

5. La familia es moderna.

   _____

6. El hijo es sociable.

   _____

7. La plaza es ordinaria.

   _____

8. El tigre es cruel.

9. La flor es natural.

10. La banana es tropical.

EJERCICIO B

Change the following sentences to the singular, making all necessary changes.

1. Los padres son sinceros.

2. Los aviones son rápidos.

3. Los médicos son excelentes.

4. Las mujeres son norteamericanas.

5. Las lámparas son magníficas.

6. Los actores son populares.

7. Los teléfonos son necesarios.

_____

8. Los muchachos son terribles.

_____

9. Las fiestas son románticas.

_____

10. Los accidentes son horribles.

_____

EJERCICIO C

Go to Actividad D on page 29 of the student's book. Write the plural of each word that is written in the singular and the singular for each word that is written in the plural.

1. _____	**7.** _____	**13.** _____
2. _____	**8.** _____	**14.** _____
3. _____	**9.** _____	**15.** _____
4. _____	**10.** _____	**16.** _____
5. _____	**11.** _____	**17.** _____
6. _____	**12.** _____	**18.** _____

EXAMPLE: **la hamburguesa**
　　　　　　las hamburguesas

EJERCICIO D

Supply the matching noun. Use the correct article.

MASCULINO	FEMENINO
1. _____	la madre
2. el abuelo	_____
3. _____	la tía
4. el hijo	_____
5. _____	la hermana
6. el primo	_____

EJERCICIO E

Match the expressions in the left column with an appropriate expression in the right column. Write the matching letter in the space provided.

1. Buenos días, señorita. _____

2. ¿Cómo te llamas? _____

3. ¿Cómo estás? _____

4. Hasta la vista, María. _____

5. Mi perro se llama Duque. _____

6. ¿Cómo se llaman las _____
   muchachas?

a. Mi gato se llama Tigre.
b. Hasta luego, Pablo.
c. Muy bien, gracias.
d. Buenos días, señor profesor.
e. Se llaman Lola y Margarita.
f. Me llamo Paco.
g. Regular.
h. Antonio es el abuelo.

EJERCICIO F

Using the family tree, complete these sentences.

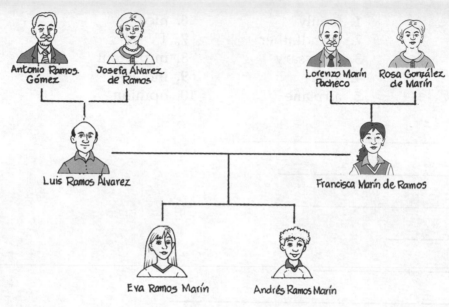

1. Andrés es el _____ de doña Francisca.

2. Don Antonio es el _____ de Andrés.

3. Andrés es el _____ de Eva.

4. Doña Josefa es la _____ de don Luis.

5. Doña Francisca es la _____ de don Lorenzo.

6. Eva es la _____ de Andrés.

7. Doña Francisca es la _____ de Eva y Andrés.

8. Don Luis es el _____ de Eva y Andrés.

9. Don Luis es el _____ de don Antonio.

10. Doña Francisca es la _____ de doña Rosa.

EJERCICIO G

Acróstico. Fill in the blanks with the Spanish meanings of the words below.

1. family
2. grandfather
3. necessary
4. aunt
5. airplane
6. nice
7. TV set
8. important
9. movies
10. opinion

1. F __ __ __ __ __ __

2. A __ __ __ __ __ __

3. N __ __ __ __ __ __ __ __ __

4. T __ __ __

5. Á __ __ __ __ __

6. S __ __ __ __ __ __ __ __

7. T __ __ __ __ __ __ __

8. I __ __ __ __ __ __ __ __ __

9. C __ __ __ __

10. O __ __ __ __ __ __

EJERCICIO H

Crucigrama de la familia. Fill in the correct words pertaining to family.

HORIZONTAL	VERTICAL
4. grandparents	1. son
5. mother	2. father
6. uncle	3. brothers (or brother and sister)

EJERCICIO I

The following 2 columns contain the same people expressed in a different way. Draw a line connecting these individuals.

A	B
1. el hijo de mi padre	a) mi tío
2. el padre de mi madre	b) mi tía
3. el hermano de mi madre	c) mi hermano
4. la hermana de mi madre	d) mi primo
5. el hijo de mi tío	e) mi abuelo

EJERCICIO A

Your little brother Juanito is very curious. As you walk down the street, he constantly asks: **¿Qué es esto** (this)? Identify what you see.

EXAMPLE: Juanito: —¿Qué es esto?
                     Usted: —Es una flor.

1. _____

2. _____

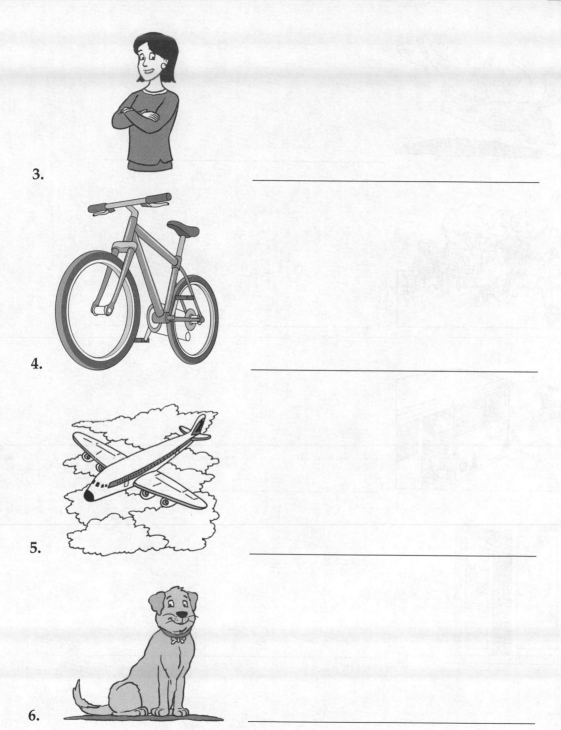

3. _____

4. _____

5. _____

6. _____

7. _____

8. _____

9. _____

10. _____

EJERCICIO B

Your Spanish teacher asks you to point out various classroom objects.

EXAMPLE: Profesora: —¿Qué es esto?
             Usted: —Es un cuaderno.

1. _____

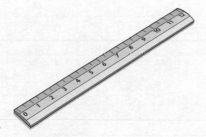

2. _____

3. _____

4. _____

5. _____

6. _____

7. _____

8. _____

9. _____

10. _____

EJERCICIO C

Match the phrase in English to the phrase in Spanish.

1. the professor   **a.** el profesor   **b.** un profesor

2. a flower   **a.** la flor   **b.** una flor

3. an animal   **a.** el animal   **b.** un animal

4. a newspaper   **a.** el periódico   **b.** un periódico

5. the mosquito	**a.** el mosquito	**b.** un mosquito
6. the door	**a.** la puerta	**b.** una puerta
7. a hat	**a.** el sombrero	**b.** un sombrero
8. a garden	**a.** el jardín	**b.** un jardín
9. a lesson	**a.** la lección	**b.** una lección
10. the paper	**a.** el papel	**b.** un papel

EJERCICIO D

Change the indefinite article to the definite article.

EXAMPLE: una silla   **la silla**

1. una flor _____

2. un periódico _____

3. una mujer _____

4. un animal _____

5. una fruta _____

6. un mosquito _____

7. un jardín _____

8. una clase _____

9. una lección _____

10. un primo _____

EJERCICIO E

Buscapalabras. In the puzzle, there are sixteen Spanish words. Circle them and list them below.

A	L	U	M	N	O	V	P	E
V	E	M	T	Í	A	E	I	S
I	C	A	T	Í	O	N	Z	C
Ó	H	P	U	E	R	T	A	U
N	E	A	T	I	Z	A	R	E
F	L	O	R	E	S	N	R	L
N	O	L	E	U	B	A	A	A
D	Í	A	N	Í	D	R	A	J

1. _____

2. _____

3. _____

4. _____

5. _____

6. _____

7. _____

8. _____

9. _____

10. _____

11. _____

12. _____

13. _____

14. _____

15. _____

16. _____

EJERCICIO F

Identify the people and objects in the picture.

EXAMPLE: Hay un escritorio.

1. _____

2. _____

3. _____

4. _____

5. _____

6. _____

7. _____

8. _____

9. _____

10. _____

11. _____

12. _____

EJERCICIO G

Name what's in Francisco's school locker. Make two lists: A) school items and
B) personal items.

A	B
1. _____	1. _____
2. _____	2. _____
3. _____	3. _____
4. _____	4. _____
5. _____	5. _____
6. _____	6. _____
7. _____	7. _____

Nombre: _____ Clase: _____ Fecha: _____

EJERCICIO A

Match each of the following statements with a picture, writing the corresponding number next to the picture that represents it.

1. Los amigos miran la televisión.

2. Enrique y Guillermo practican la música.

EJERCICIO F

Make the following sentences negative. Then write a sentence to make each statement affirmative.

EXAMPLE: La mujer trabaja en el hospital.
La mujer no trabaja en el hospital.
Ella trabaja en el banco.

1. Mi tía habla italiano.

   _____

   _____

2. Mis amigos toman el tren.

   _____

   _____

3. Yo deseo trabajar en casa.

   _____

   _____

4. Uds. llegan tarde.

   _____

   _____

5. Mi hermana camina por la ciudad.

   _____

   _____

6. Dolores baila en la escuela.

   _____

   _____

7. Mi mamá canta en la radio.

_____

_____

8. Nosotros buscamos el papel.

_____

_____

9. Juanito y José son primos.

_____

_____

10. Ud. estudia en casa.

_____

_____

EJERCICIO G

Change the following sentences to questions.

1. Tú trabajas en casa.

_____

2. Ella camina por el parque.

_____

3. Ellos compran chocolate.

_____

4. La profesora habla rápidamente.

_____

5. Uds. preparan la comida.

_____

6. Ud. toma la medicina.

_____

7. María escucha con atención.

_____

8. Uds. son norteamericanos.

_____

9. Ricardo mira por la ventana.

_____

10. Julio y Luis entran por la puerta.

_____

EJERCICIO H

Scrambled sentences. Each set of boxes contains a scrambled sentence. Rearrange the boxes in each set so that the words make a complete sentence.

1.

USAN	LOS HOMBRES Y LAS MUJERES	UNIDOS
AUTOMÓVILES	ESTADOS	EN LOS

_____

_____

2.

PARA	AUTOMÓVILES	AL
USAN	TRABAJO	IR

3.

HOSPITAL	LOS MÉDICOS	AL
VAN	AUTOMÓVIL	EN

4.

LOS HOMBRES	LAS MUJERES	Y
DE COMPRAS	EN AUTOMÓVIL	VAN

5.

AUTOMÓVILES	GASOLINA	GRANDES
MUCHA	USAN	LOS

6.

LA	UN	ES
SOLUCIÓN	PEQUEÑO	AUTOMÓVIL

EJERCICIO A

What's in the park?

En el parque hay...

1. _____ muchachos.

2. _____ muchachas.

3. _____ perros.

4. _____ gatos.

5. _____ bicicletas.

6. _____ estéreo.

7. _____ bebés.

8. _____ flores.

EJERCICIO B

Look at these images and write a sentence to represent how many of each item you or your teacher will need for the first day of classes.

EXAMPLE: yo + 3 +   **Yo necesito tres cuadernos.**

1. La profesora + 15 +   _____

2. Yo + 8 + 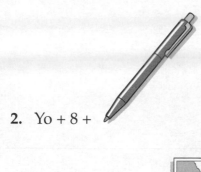   _____

3. La profesora + 6 +    _____

4. La profesora + 9 +    _____

5. Yo + 23 +    _____

6. La profesora + 2 + _____

7. Yo + 30 + _____

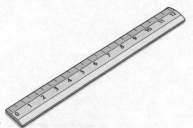

8. Yo + 4 + _____

9. Yo + 1 + _____

10. La profesora + 14 + _____

EJERCICIO C

Write the numbers in the series.

1. uno, dos, tres, _____, _____, _____

2. dos, cuatro, seis, _____, _____, _____

3. uno, tres, cinco, _____, _____, _____

4. cinco, diez, _____, _____, _____

5. uno, dos, cuatro, _____, _____, _____

6. diez, nueve, ocho, _____, _____, _____

EJERCICIO D

An escaped prisoner is attempting to flee the country and cross the border into Mexico. A Mexican official is broadcasting the license plate number of one stolen car of special interest: SEIS, UNO, CINCO, DOS, SEIS, SEIS. Read the following license plates and then circle the number the authorities are looking for.

1. **9940 952**

2. **482 519**

3. **5320 157**

4. **653 2211**

5. **397 973**

6. **828 472**

7. **236 891**

8. **615 266**

EJERCICIO E

Here are some phone numbers. Say them and then write them out in Spanish.

EXAMPLE: (718) 209 1854
siete uno ocho dos cero nueve uno ocho cinco cuatro

1. (718) 208 3874

_____

2. (212) 113 5687

_____

3. (805) 342 6701

_____

4. (516) 998 3214

_____

5. (307) 763 8520

_____

6. (801) 576 1113

_____

7. (890) 890 2222

_____

8. (201) 434 1010

_____

9. (817) 325 6690

_____

10. (609) 220 8314

_____

EJERCICIO F

How good are you in arithmetic? Write out these operations in Spanish supplying the correct answer.

EXAMPLE: 7 − 2 = **Siete menos dos son cinco.**

1. 9 − 5 = _____

2. 8 + 1 = _____

3. 15 ÷ 5 = _____

4. 4 × 3 = _____

5. 30 − 20 = _____

6. 16 + 2 = _____

7. 30 ÷ 3 = _____

8. 14 × 2 = _____

9. 19 − 1 = _____

10. 11 + 0 = _____

EJERCICIO G

You just made some new friends during our semester abroad in Valencia, Spain. Write down your friends phone numbers and say them aloud to verify that they are correct.

EXAMPLE: 22-59-03
         veintidós, diecinueve, cero tres

1. _____

2. _____

3. _____

4. _____

5. _____

EJERCICIO H

Los Gigantes have just finished playing **Los Atléticos**. Write out the score in Spanish, inning by inning, and then figure out the final score.

Entrada	1	2	3	4	5	6	7	8	9	**Anotación final**
Gigantes	0	0	1	2	1	0	0	0	5	
Atléticos	1	3	0	0	1	2	0	0	1	

	LOS GIGANTES	LOS ATLÉTICOS
1.	cero	uno
2.		
3.		
4.		
5.		
6.		
7.		
8.		
9.		

Anotación final _____

EJERCICIO I

¿Sí o no? Mr. Molina is correcting the math papers of his fourth-grade students. If a result is wrong, fill in the correct answer.

1. Cuatro y tres son **siete.** _____

2. Cinco por cinco son **veinte.** _____

3. Nueve menos dos son **seis.** _____

4. Ocho dividido por cuatro son **dos.** _____

5. Once y doce son **veintitrés.** _____

6. Quince menos cinco son **diez.** _____

7. Tres por dos son **seis.** _____

8. Diez dividido por diez es **cero.** _____

9. Quince y catorce son **treinta.** _____

10. Diecisiete menos dieciséis es **uno.** _____

EJERCICIO J

Write the numbers that come before and after the following numbers.

1. _____ dos _____

2. _____ cinco _____

3. _____ ocho _____

4. _____ diez _____

5. _____ doce _____

6. _____ quince _____

7. _____ diecisiete _____

8. _____ veinte _____

9. _____ veintitrés _____

10. _____ veintinueve _____

EJERCICIO K

Rubén is very well organized. He writes down all the important dates on his calendar. When do the following events occur?

MAYO 2020						
LUNES	MARTES	MIÉRCOLES	JUEVES	VIERNES	SÁBADO	DOMINGO
		1 Examen de español	2	3	4 Función de teatro	5
6 Lección de música	7 Concierto de rock	8	9 Médico	10	11	12 Día de las madres
13	14	15	16	17	18 Fiesta en casa de Pepe	19
20	21	22 Cumpleaños de María	23	24 Dentista	25	26
27	28 Visita a los abuelos	29 Examen de inglés	30	31		

EXAMPLE: **¿Cuándo es el Día de las Madres?**
          Es el día doce.

1. ¿Cuándo es la visita al médico?

     _____

2. ¿Cuándo es el concierto de rock?

     _____

3. ¿Cuándo es el examen de español?

     _____

4. ¿Cuándo es la fiesta en casa de Pepe?

     _____

5. ¿Cuándo es la visita al dentista?

    _____

6. ¿Cuándo es la lección de música?

    _____

7. ¿Cuándo es la visita a los abuelos?

    _____

8. ¿Cuándo es el examen de inglés?

    _____

9. ¿Cuándo es el cumpleaños (*birthday*) de María?

    _____

10. ¿Cuándo es la función (*show*) de teatro?

    _____

EJERCICIO A

All the clocks in this store have to be set. They all have different times. Can you tell the time on each one?

1. _____

2. _____

3. _____

4. _____

5. _____

6. _____

7. _____

8. _____

9. _____

10. _____

EJERCICIO B

Un día en la vida de Elena. Describe Elena's busy day. Tell what she does and at what time.

1. 8:30

2. 9:00

3.
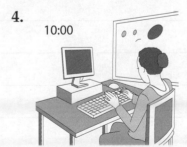

4. 10:00

5. 10:45

6. 11:30

7. 3:30

8. 4:00

9. 6:50

10. 8:00

1. A las ocho y media Elena camina a la escuela.

2. _____

3. _____

4. _____

5. _____

6. _____

7. _____

8. _____

9. _____

10. _____

EJERCICIO C

¿A qué hora llega el tren? Tell at what time the train arrives according to the following schedule.

EXAMPLE: Madrid: 11:15 A.M.
El tren llega a Madrid a las once y cuarto de la mañana.

1. Barcelona: 7:35 A.M.

_____

2. Málaga: 8:20 A.M.

_____

3. Zaragoza: 12:15 A.M.

_____

4. Bilbao: 4:39 P.M.

_____

5. Granada: 5:50 A.M.

_____

6. Cádiz 1:17 P.M.

_____

7. Burgos: 6:12 A.M.

_____

8. Salamanca: 12:00 midnight

_____

9. Segovia: 2:30 P.M.

_____

10. Toledo: 10:45 P.M.

_____

EJERCICIO D

Answer the following questions according to the time that each clock shows.

1. ¿A qué hora desayunas?

_____

2. ¿A qué hora llegas a la escuela?

_____

3. ¿A qué hora es tu clase de español?

_____

4. ¿A qué hora es tu clase de inglés?

_____

5. ¿A qué hora terminan las clases?

6. ¿A qué hora regresas a casa?

7. ¿A qué hora miras la televisión?

EJERCICIO E

Are you an early bird or a night owl? Take this survey to find out. Answer each question and then add up your points.

1. ¿Cuándo estudias las lecciones?
   a. a las siete de la mañana (1 punto)
   b. a las tres de la tarde (3 puntos)
   c. a las diez de la noche (5 puntos)

2. ¿Cuándo hablas por teléfono?
   a. a las ocho de la mañana (1 punto)
   b. a las cinco de la tarde (3 puntos)
   c. a las nueve de la noche (5 puntos)

3. ¿Cuándo preparas la tarea?
   a. a las seis de la mañana (1 punto)
   b. a las cuatro de la tarde (3 puntos)
   c. a las once de la noche (5 puntos)

4. ¿Cuándo llegas a casa durante los fines de semana?
   a. a las siete de la noche (1 punto)
   b. a las nueve de la noche (3 puntos)
   c. a las doce de la mañana (5 puntos)

5. ¿Cuándo miras la televisión?
   a. a las nueve de la mañana (1 punto)
   b. a las cinco y media de la tarde (3 puntos)
   c. a las diez de la noche (5 puntos)

6. ¿Cuándo mandas correos electrónicos?
   a. a las seis y cuarto de la mañana (1 punto)
   b. a las dos de la tarde (3 puntos)
   c. a las once y media de la noche (5 puntos)

7. ¿Cuándo lees una revista?
   a. a las ocho de la mañana (1 punto)
   b. a la una de la tarde (3 puntos)
   c. a las once de la noche (5 puntos)

8. ¿Cuándo miras películas?
   a. a las nueve de la mañana (1 punto)
   b. a las cuatro de la tarde (3 puntos)
   c. a las diez de la noche (5 puntos)

9. ¿Cuándo escribes cartas a tu familia?
   a. a las diez de la mañana (1 punto)
   b. a las cinco de la tarde (3 puntos)
   c. a las nueve y media de la noche (5 puntos)

10. ¿Cuándo usas la computadora?
   a. a las cinco de la mañana (1 punto)
   b. a la una de la tarde (3 puntos)
   c. a las doce de la noche (5 puntos)

→ If you scored between 10 and 20 points, you are an early bird!
→ If you scored between 21 and 35 points, you are neither an early bird nor a night owl!
→ If you scored between 36 and 50 points, you are a night owl!

EJERCICIO F

El viaje en autobús (*The bus trip*)

> **¿A qué hora llega?** At what time does it arrive?
> **¿A qué hora sale?** At what time does it leave?

A tourist bus starting out from Cádiz travels through Spain. The arrival and departure times are given for each city. Write down when the bus arrives at and leaves from the cities indicated.

EXAMPLE: Málaga   8:10 **Llega a Málaga a las ocho y diez.**
             8:30 **Sale de Málaga a las ocho y treinta.**

1. Granada   9:15 _____

                      9:20 _____

2. Córdoba   10:20 _____

                     10:35 _____

3. Valencia   12:00 _____

                     12:30 _____

4.	Toledo	1:45	_____
		2:00	_____
5.	Madrid	2:50	_____
		3:05	_____
6.	Segovia	3:55	_____
		4:10	_____
7.	Burgos	5:05	_____
		5:20	_____
8.	Bilbao	6:30	_____

EJERCICIO G

The following arrivals and departures are being announced over the loudspeaker.
Repeat them aloud.

1. El vuelo de Aeroperú llega a la 1:00.

2. El vuelo de Mexicana llega a las 2:45.

3. El vuelo de Aerolíneas Argentinas llega a las 7:30.

4. El vuelo de Iberia llega a las 12:15.

5. El vuelo de Aero México llega a las 3:10.

6. El vuelo de Dominicana llega a las 8:50.

7. El vuelo de Ecuatoriana sale a las 10:00.

8. El vuelo de Avianca sale a las 9:25.

9. El vuelo de Viasa sale a las 4:35.

10. El vuelo de Varig sale a las 11:20.

EJERCICIO H

Write out in Spanish at what time you usually do the following activities.

EXAMPLE: comer el desayuno
Como el desayuno a las siete de la mañana.

1. caminar a la parada de autobús

   _____

2. tomar el autobús

   _____

3. entrar en la escuela

   _____

4. estudiar español en la biblioteca

   _____

5. comer el almuerzo

   _____

6. llegar a casa

   _____

7. usar la computadora

   _____

8. practicar deportes

   _____

9. preparar la tarea

   _____

10. mirar la televisión

    _____

EJERCICIO I

¡Estoy tarde! You're late for an appointment. Say the time on each of the digital clocks below. Then express when your appointment was scheduled for.

EXAMPLE: **Son las dos y cinco.**
            ¡Estoy tarde! Tengo una cita **a las dos.**

2:05	5:05	6:05
10:05	3:10	4:10
8:10	2:20	5:20
7:20	11:20	12:25

1. _____

2. _____

3. _____

4. _____

5. _____

6. _____

7. _____

8. _____

9. _____

10. _____

11. _____

12. _____

EJERCICIO A

Change the infinitive to agree with the subject.

1. nosotros/aprender español

2. mamá/comer muchas frutas

3. yo/ver el parque

4. Ud./responder a la pregunta

5. mis padres/beber agua fría

6. Francisco/comprender la lección

7. los muchachos/creer al profesor

8. tú/vender la casa

9. Uds./querer el periódico

   _____

10. yo/ver el tren

   _____

EJERCICIO B

Change the subject and verb to the corresponding plural or singular form as needed.

1. La alumna aprende mucho.

   _____

2. Nosotros sabemos la regla.

   _____

3. Tú corres por la calle.

   _____

4. Ellas beben soda.

   _____

5. Los muchachos beben café.

   _____

6. La secretaria comprende las instrucciones.

   _____

7. Ustedes venden las blusas.

   _____

8. Mi padre cree la historia.

   _____

9. Yo leo el periódico.

_____

10. Los hombres ven el edificio.

_____

EJERCICIO C

Create a question using the cues, then answer according to the cue in parenthesis. Follow the example.

EXAMPLE: ellos / platos (sí)
          ¿Venden platos? → Sí, venden platos.

1. Carlos / los videojuegos (sí)

_____

2. tú / televisores (no, radios)

_____

3. María y Ana / blusas (no, camisas)

_____

4. Rosa / bicicletas (sí)

_____

5. usted / vaqueros (no, pantalones cortos)

_____

6. Milagros / teléfonos (sí)

_____

7. José y Santiago / computadoras (sí)

_____

8. nosotros / libros (no, cuadernos)

_____

EJERCICIO D

¡Pobre Juan! He is always doing something wrong in school. Complete each statement with a verb in the singular and a word or phrase that makes sense.

1. Los alumnos aprenden la lección, pero Juan...

_____

2. Los estudiantes llegan temprano a la escuela, pero Juan...

_____

3. Las señoritas corren por la calle y Juan...

_____

4. Uds. responden bien, pero Juan...

_____

5. Nostras comprendemos el examen, pero Juan...

_____

7. Los muchachos escuchan atentamente al profesor, pero Juan...

_____

8. Uds. no hablan durante el examen, pero Juan...

_____

9. Ellos leen el libro en la biblioteca, pero Juan...

_____

10. Las muchachas hacen la tarea, pero Juan...

_____

EJERCICIO E

Make the following sentences negative.

1. La mujer aprende francés.

_____

2. Mis amigos comen en la cafetería.

_____

3. Yo corro con mi perro.

_____

4. Uds. responden en inglés.

_____

5. Mi hermana bebe mucho café.

_____

6. Dolores comprende las palabras.

_____

7. Mi hermano cree la historia.

_____

8. Nosotros vendemos un escritorio.

_____

9. Juanito y José leen libros españoles.

_____

10. Ud. quiere un helado de chocolate.

_____

EJERCICIO F

Match the statements to the questions.

A	B
1. Yo aprendo español.	a. ¿Qué come ella?
2. Ella come ensalada.	b. ¿Qué comprende ella?
3. Ellos corren rápidamente.	c. ¿Qué cree María?
4. La profesora responde a los estudiantes.	d. ¿Quienes corren rápidamente?
5. Uds. beben mucha leche.	e. ¿Qué lee Ricardo?
6. Ella comprende la lección.	f. ¿Qué venden Uds.?
7. María cree la historia.	g. ¿Qué ven en el parque?
8. Uds. venden sándwiches.	h. ¿Qué beben Uds.?
9. Ricardo lee una novela.	i. ¿Quién responde a los estudiantes?
10. Julio y Luis ven un perro en el parque.	j. ¿Qué aprendes?

EJERCICIO G

Using an **-er** verb, tell what each person is doing.

María

1.

_____

Los muchachos

2. _____

El policía

3. _____

Antonio

4. _____

El bebé

5. _____

La niña

6.

La señorita

7.

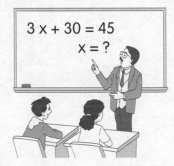

Los estudiantes

$$3x + 30 = 45$$
$$x = ?$$

8.

Yo

$$x + 2y = 40$$

9.

El turista

10.

EJERCICIO H

Each set of boxes contains a scrambled sentence. Rearrange the boxes in each set so that the words make a complete sentence.

1.

PEPE	DOCE	DE
AÑOS	UN MUCHACHO	ES

2.

PERRO	LOBO	MUY
UN	INTELIGENTE	ES

3.

Y	MUY	COME
GRANDE	MUCHO	ES

4.

PARA	LA COMIDA	TRABAJA
DE LOBO	COMPRAR	PEPE

_____

_____

5.

TODOS	PEPE	LOS
DÍAS	PERIÓDICOS	VENDE

_____

_____

6.

TAREAS	Y PREPARA	LA
ESCUELA	LAS	PARA

_____

_____

EJERCICIO A

Write a suitable color for the following objects.

1. _____   2. _____   3. _____

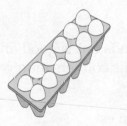

4. _____   5. _____   6. _____

7. _____   8. _____   9. _____

EJERCICIO B

Write a complete sentence in which you give the color of the following.

EXAMPLE: **El televisor es negro.**

1. la casa _____

2. la carne _____

3. el árbol _____

4. la banana _____

5. la leche _____

6. el cielo _____

7. el océano _____

8. el teléfono _____

EJERCICIO C

You are watching a **telenovela** on TV, but your cable reception is not is good and some of the dialog keeps dropping out. Fill in the blanks in this conversation with the correct form of the adjective in parentheses.

MARTINA: ¡Ay, papá! Estoy _____. El examen es
            1. (nervioso)

_____.
2. (difícil)

PADRE: Sí, mi amor, pero es un examen _____.
            3. (necesario)

MARTINA: Es verdad. Y todos los alumnos son _____.
            4. (inteligente)

PADRE: Y tú eres la muchacha más inteligente. Y también la más

_____.
5. (bonito)

MARTINA: Gracias, Papá. ¿Dónde está tu amigo, el señor _____?
                                                                  6. (norteamericano)

PADRE: Está en la oficina, en una reunión con el director de la compañía

             _____.
                    7. (español)

MARTINA: ¿Es una reunión muy _____?
                                        8. (importante)

PADRE: Sí. Hay un problema _____.
                                        9. (serio)

MARTINA: Buena suerte, papá.

PADRE: Gracias. Hasta luego Martina.

EJERCICIO D

Emphasize the quality of something or someone by showing the opposite.

EXAMPLE: Mi hermana es bonita. **No es fea.**

1. Lola es inteligente.   No es _____.

2. El muchacho es alto.   No es _____.

3. Mis tíos son ricos.   No son _____.

4. María es rubia.   No es _____.

5. Mi padre es gordo.   No es _____.

6. El estudiante es inteligente. No es _____.

7. Las palabras son fáciles.   No son _____.

8. Los libros son nuevos.   No son _____.

9. El gato es negro.   No es _____.

10. Las bicicletas son nuevas.   No son _____.

EJERCICIO E

Here are some opposites. Can you label them?

1. _____ _____   2. _____ _____

3. _____ _____   4. _____ _____

5. _____ _____   6. _____ _____

7. _____ _____   8. _____ _____

EJERCICIO F

Underline the adjective that correctly describes the subject.

1. Las avenidas son (grande, grandes).

2. Mis hermanas son (bonito, bonita, bonitos, bonitas).

3. El hombre es (rico, rica, ricos, ricas).

4. La lección es (difícil, difíciles).

5. El árbol es (verde, verdes).

6. Los gatos son animales (pequeño, pequeña, pequeños, pequeñas).

7. Los profesores de mi escuela son (inteligente, inteligentes).

8. La pizza y los espaguetis son comidas (italiano, italiana, italianos, italianas).

9. Tengo unas plumas (rojo, roja, rojos, rojas).

10. Las escuelas de mi ciudad son (moderno, moderna, modernos, modernas).

EJERCICIO G

Write four sentences describing the people and animals pictured below. Use the adjectives you have learned.

1. _____

   _____

   _____

   _____

2. _____

   _____

   _____

   _____

3.

_____
_____
_____
_____

4.

_____
_____
_____
_____

EJERCICIO H

Think about four famous people or characters. Write five or more words to describe each person.

Famous Person/Character	Name	Description
Movie star		
Singer		
TV person		
Cartoon character		

Nombre: _____ Clase: _____ Fecha: _____

9

EJERCICIO A

It's career day and all the students are indicating what they want to be when they grow up. Write each person's dreams in Spanish.

1. Lupe quiere ser _____.

2. Paco y Geraldo quieren ser _____.

3. Javier quiere ser _____.

4. Maritza y Mariluz quieren ser _____.

5. Armando quiere ser _____.

6. El hermano de Raúl quiere ser _____.

7. Angel quiere ser _____.

8. Ana quiere ser _____.

9. Carmen quiere ser _____.

10. Miguel quiere ser _____.

EJERCICIO B

Using the correct form of the verb **ser**, tell where everyone is from.

EXAMPLE: Manuel/Puerto Rico
Manuel es de Puerto Rico.

1. María/la República Dominicana

_____

2. yo/España

_____

3. tú/Cuba

_____

4. él/Costa Rica

_____

5. ella/Venezuela

_____

6. Ud./Colombia

_____

7. nosotros/los Estados Unidos

_____

8. Uds./Chile

_____

9. ellos/Guatemala

_____

10. Lola y Rosa/Honduras

_____

EJERCICIO C

Complete with the proper form of **ser**.

1. Yo _____ norteamericano.

2. Luis y yo _____ los hijos del Sr. González.

3. Francisco y yo _____ hermanos.

4. ¿_____ ella tu prima?

5. Mi madre _____ francesa.

6. La familia no _____ grande.

7. ¿_____ ustedes abogados?

8. Tú _____ un alumno inteligente.

9. Pablo y yo _____ ricos.

10. Ellos _____ médicos.

EJERCICIO D

Answer the following questions either affirmatively or negatively.

EXAMPLE: ¿Es Ud. alto?
No, yo soy bajo.

1. ¿Es grande la escuela?

   _____

2. ¿Son blancas las rosas?

   _____

3. ¿Son inglesas tus amigas?

   _____

4. ¿Es Ud. mexicano?

   _____

5. ¿Es joven la abuela?

   _____

6. ¿Es Ud. un alumno inteligente?

   _____

7. ¿Son pequeños los elefantes?

   _____

8. ¿Es azul su automóvil?

   _____

9. ¿Son las flores feas?

   _____

10. ¿Es difícil la lección?

   _____

EJERCICIO E

Make the following sentences plural.

1. Él es cubano.

_____

2. Yo soy profesor.

_____

3. ¿Es Ud. dentista?

_____

4. ¿No eres tú francés?

_____

5. Ella es abogada.

_____

6. Mi tía es italiana.

_____

7. Mi hermana es secretaria.

_____

8. El muchacho es el hijo de Pablo.

_____

9. Tú eres inteligente.

_____

10. Yo soy norteamericano.

_____

EJERCICIO F

Make the following sentences singular.

1. Las familias son grandes.

_____

2. Somos artistas.

_____

3. ¿Qué son ustedes?

_____

4. Ellas son españolas.

_____

5. Las lecciones son fáciles.

_____

6. Los papeles son blancos.

_____

7. ¿Son Uds. argentinos?

_____

8. Ellos son actores.

_____

9. Uds. son muy inteligentes.

_____

10. Nosotros somos enfermeros.

_____

EJERCICIO A

Using the **-ir** verbs you have learned, tell what the following are doing.

1. El policía _____ la puerta.

2. El gato _____ del jardín.

3. Yo _____ de la escuela.

4. Mi mamá _____ las frutas.

5. El perro _____ en la casa.

6. La secretaria _____ en el papel.

7. La enfermera _____ al paciente. **8.** La abuela _____ la carta.

9. El bombero _____ al edificio. **10.** La profesora _____ la pintura.

EJERCICIO B

Answer each question according to the cue in parentheses.

Ø À} ˘{~L Quién toca la puerta? (ella) → **Ella toca la puerta.**

1. ¿Quién abre la ventana? (ella) _____

2. ¿Quién sube la escalera? (el policía) _____

3. ¿Quién divide el pan? (yo) _____

4. ¿Quién cubre la cama? (Ud.) _____

5. ¿Quién escribe una carta? (mis padres) _____

6. ¿Quién describe la situación? (nosotros) _____

7. ¿Quién recibe el dinero? (tú) _____

8. ¿Quién vive en España? (el abogado) _____

9. ¿Quién sale de la casa? (ellas) _____

10. ¿Quién vive en Italia? (tú) _____

EJERCICIO C

Change the subject and verb to the plural.

1. La alumna abre la puerta.

   _____

2. Tú recibes el dinero.

   _____

3. Yo subo al árbol.

   _____

4. Él escribe una carta.

   _____

5. Ud. trae la sopa.

   _____

6. La secretaria vive lejos.

   _____

7. Ella sale de la escuela.

   _____

8. Mi padre pone la mesa.

   _____

9. Yo sé mucho.

   _____

10. El hombre da regalos a su familia.

EJERCICIO D

Martica and Yesenia always have difference of opinion. Finish Yesenia's statements using the right forms of the verbs.

Martica: Las tareas de las clases siempre son muy difíciles.
Yesenia: Pero la tarea de esta noche **no es muy difícil.**

1. Martica: Los alumnos traen los libros.
   Yesenia: Pero el alumno nuevo no _____.

2. Martica: Nosotros dividimos el trabajo en la clase de ciencias.
   Yesenia: Pero Héctor no _____.

3. Martica: Las profesoras suben al segundo piso.
   Yesenia: Pero la profesora de arte no _____.

4. Martica: Nuestras amigas viven en Buenos Aires.
   Yesenia: Pero Penélope no _____.

5. Martica: Las chicas de la clase saben mucho.
   Yesenia: Pero Isabel no _____.

6. Martica: Ellas ponen los libros en el escritorio.
   Yesenia: Pero yo no _____.

7. Martica: Los muchachos reciben buenas notas.
   Yesenia: Pero Heriberto no _____.

8. Martica: Ustedes describen bien la escuela.
   Yesenia: Pero Ud. no _____.

9. Martica: Los directores viven en un edificio cerca de la escuela.
   Yesenia: Pero el director principal no _____.

10. Martica: Las alumnas salen del tren.
    Yesenia: Pero Mariluz no _____.

EJERCICIO E

Complete the sentences.

1. (is leaving) El avión _____ ahora.

2. (receive) Mis hermanas _____ muchos regalos.

3. (doesn't cover) Ana _____ su cuaderno.

4. (describe) Ella no _____ su escuela.

5. (bring) Yo _____ la comida.

6. (live) Uds. _____ en California.

7. (know) Mis padres _____ de todo.

8. (give) Yo _____ el dinero al señor de la tienda.

9. (write) Nosotros _____ muchas cartas.

10. (open) Luis y Manuel _____ la ventana.

EJERCICIO F

Answer the following questions.

1. ¿Dónde vives?

   _____

2. ¿Cuándo escribes correos electrónicos?

   _____

3. ¿Cuándo recibes un regalo?

   _____

4. ¿Qué sabes hacer muy bien?

   _____

5. ¿Qué llevas a la escuela todos los días?

_____

6. ¿Cuándo preparas la tarea de la escuela?

_____

7. ¿A qué hora sales de la escuela?

_____

8. ¿Cuál es el regalo de cumpleaños perfecto para tu mejor amigo/a?

_____

9. ¿Quién divide el trabajo en la clase de ciencias?

_____

10. ¿Qué deportes practicas?

_____

EJERCICIO G

Write a question based on each statement. Then answer in the negative and write an alternate ending to the statement. Follow the example.

EJEMPLO: escribir una frase en la pizarra (el profesor)
→ **¿El profesor escribe una frase en la pizarra?**
→ **No, el profesor no escribe una frase en la pizarra. El profesor escribe una frase en el papel.**

1. vivir en una casa moderna (el estudiante)

_____

_____

2. recibir un regalo muy bonito (el padre)

   _____

   _____

3. correr en el parque (el perro)

   _____

   _____

4. abrir la puerta (el monstruo)

   _____

   _____

5. dividir la pizza (Pablo)

   _____

   _____

6. comer una banana (el mono)

   _____

   _____

7. describir la ópera (la mujer)

   _____

8. salir de la casa los domingos (los niños)

   _____

   _____

EJERCICIO A

Describe each picture using a form of **estar**.

1. El turista *está* en Nueva York.

2. José Antonio _____.

3. ¿Dónde _____
la universidad?

4. Tú _____.

5. La ventana _____.

6. Nosotras _____.

7. El café _____.

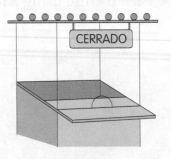

CERRADO

8. El cine _____.

9. Los amigos _____.

10. Los alumnos _____.

EJERCICIO B

Describe each picture using a form of **ser**.

1. Yo _____.

2. Los abuelos _____.

3. El muchacho _____.

4. La mujer _____.

5. Mi padre _____.

6. ¿ _____ Uds. _____?

7. Mis hermanos _____.

8. Sultán _____.

9. Somos _____.

10. La mamá de Graciela _____.

EJERCICIO C

Complete each sentence with **ser** or **estar**, as needed.

1. María _____ triste hoy.

2. Mi tía _____ abogada.

3. Yo _____ mexicana.

4. Ella _____ tocando la guitarra.

5. El agua _____ muy fría.

6. ¿Cómo _____ Uds. hoy?

7. ¿_____ ellos profesores?

8. ¿Dónde _____ tus libros?

9. ¿_____ gordo el gato de Javier?

10. Nosotros _____ enfermos.

EJERCICIO D

Finish the sentences below by changing the form of the verb **estar** and writing the opposite of the adjective.

EXAMPLE: Ella está muy triste hoy, pero Uds. **están muy contentos.**

1. Después de correr en el parque, ellos están sucios, pero Josefa _____.

2. La mochila está cerrada, pero la gaveta _____.

3. Yo estoy bien, pero mis hermanos _____.

4. Las hijas están contentas, pero la mamá _____.

5. El café está caliente, pero la limonada está _____.

6. Tú y yo estamos alegres, pero la profesora _____.

7. Ella está enferma, pero nosotros _____.

8. Las ventanas están abiertas, pero la puerta _____.

EJERCICIO E

Rewrite the following sentences substituting the words in parentheses for the subjects and making all necessary changes.

FOR EXAMPLE: Los muchachos no están contentos hoy. (el muchacho)
              El muchacho no está contento hoy.

1. Ella está enferma. (nosotros)

    _____

2. Yo no estoy bien. (Felipe)

    _____

3. Los gatos están limpios. (el perro)

    _____

4. Federico está contento. (mis padres)

_____

5. Ustedes están tristes. (Juan y Manolo)

_____

6. Mi amigo está cansado. (yo)

_____

7. La leche está fría. (el café)

_____

8. Los perros están en el parque. (Julia y Damián)

_____

9. Ellos están en Brasil. (mi abuelo)

_____

10. La sopa está caliente. (las hamburguesas)

_____

EJERCICIO F

Complete with the proper form of **estar**.

1. El médico _____ en el hospital.

2. Yo _____ bien, gracias.

3. ¿Dónde _____ mis hijos?

4. María _____ hablando por teléfono.

5. Nosotros _____ enfermos hoy.

6. Rosa y Felipe _____ en casa.

7. Las casas _____ en Nueva York.

8. ¿Dónde _____ tú ahora?

9. La comida _____ fría.

10. Los alumnos _____ sentados.

EJERCICIO G

Underline the form of **ser** or **estar** that correctly completes the sentence.

1. Yo (soy, estoy) enfermo.

2. Los edificios (son, están) nuevos.

3. Nosotros (somos, estamos) mexicanos.

4. Mi casa (es, está) grande.

5. El señor Molina (es, está) joven.

6. Mis abuelos (son, están) muy viejos.

7. Pablo y María (son, están) cantando.

8. El café (es, está) frío.

9. Tú y yo (somos, estamos) en la playa.

10. ¿Por qué (eres, estás) triste?

EJERCICIO H

Using a form of **ser** or **estar**, write sentences with the words provided.

EXAMPLE: mis hermanos/aquí
Mis hermanos están aquí.

1. La escuela/abierta

_____

2. Felipe/abogado

_____

3. Rosa/mexicana

_____

4. Antonio y José/cansados

_____

5. tú/de Quito

_____

6. tú/en Quito

_____

7. los muchachos/estudiar

_____

8. la comida/buena

_____

9. yo/norteamericano

_____

10. nosotros/amigos

_____

EJERCICIO A

Tell what the next day is.

1. Hoy es martes. Mañana es _____.

2. Hoy es viernes. Mañana es _____.

3. Hoy es lunes. Mañana es _____.

4. Hoy es miércoles. Mañana es _____.

5. Hoy es domingo. Mañana es _____.

6. Hoy es jueves. Mañana es _____.

7. Hoy es sábado. Mañana es _____.

EJERCICIO B

Fill in the blanks with the missing months.

1. enero

2. _____

3. _____

4. _____

5. mayo

6. _____

7. julio

8. _____

9. _____

10. _____

11. _____

12. diciembre

EJERCICIO C

Name the month suggested by the pictures.

1. _____   2. _____

3. _____   4. _____

5. _____   6. _____

EJERCICIO E

Write out the circled dates in Spanish.

EXAMPLE: **Hoy es domingo, 6 de octubre.**

	ENERO	FEBRERO	MARZO	ABRIL
LUNES	7 14 21 28	4 11 18 25	4 11 18 25	1 8 15 22 29
MARTES	1 8 15 22 29	5 12 19 26	5 12 19 26	2 9 16 23 30
MIÉRCOLES	2 9 16 23 30	6 13 20 (27)	6 13 20 27	3 10 17 24
JUEVES	3 10 17 24 (31)	7 14 21 28	7 14 21 28	4 11 18 25
VIERNES	4 11 18 25	1 8 15 22	1 (8) 15 22 29	5 12 19 26
SÁBADO	5 12 19 26	2 9 16 23	2 9 16 23 30	6 13 20 27
DOMINGO	6 13 20 27	3 10 17 24	3 10 17 24 31	(7) 14 21 28

	MAYO	JUNIO	JULIO	AGOSTO
LUNES	6 13 20 27	3 (10) 17 24	1 8 15 22 29	5 12 19 26
MARTES	7 14 21 28	4 11 18 25	2 9 (16) 23 30	6 13 20 27
MIÉRCOLES	1 8 15 22 29	5 12 19 26	3 10 17 24 31	7 14 21 28
JUEVES	2 9 16 23 30	6 13 20 27	4 11 18 25	1 8 15 22 29
VIERNES	3 10 17 (24) 31	7 14 21 28	5 12 19 26	2 9 16 23 30
SÁBADO	4 11 18 25	1 8 15 22 29	6 13 20 27	(3) 10 17 24 31
DOMINGO	5 12 19 26	2 9 16 23 30	7 14 21 28	4 11 18 25

	SEPTIEMBRE	OCTUBRE	NOVIEMBRE	DICIEMBRE
LUNES	2 9 16 23 30	7 14 21 28	4 (11) 18 25	2 9 16 23 30
MARTES	3 10 (17) 24	1 8 15 22 29	5 12 19 26	3 10 17 24 31
MIÉRCOLES	4 11 18 25	2 9 16 23 30	6 13 20 27	4 11 18 (25)
JUEVES	5 12 19 26	3 10 17 24 31	7 14 21 28	5 12 19 26
VIERNES	6 13 20 27	4 11 18 25	1 8 15 22 29	6 13 20 27
SÁBADO	7 14 21 28	5 12 19 26	2 9 16 23 30	7 14 21 28
DOMINGO	1 8 15 22 29	(6) 13 20 27	3 10 17 24	1 8 15 22 29

1. _____

2. _____

3. _____

4. _____

5. _____

6. _____

7. _____

8. _____

9. _____

10. _____

11. _____

12. _____

EJERCICIO F

Complete these Spanish sentences.

1. Un año tiene _____ meses.

2. _____ es el primer mes del año.

3. _____ es el último mes del año.

4. El mes de junio tiene _____ días.

5. Si hoy es lunes, mañana es _____.

6. Si hoy es el primero de enero, mañana es _____.

7. No vamos a la escuela los sábados ni los _____.

8. Hay vacaciones largas en _____ y _____.

9. El Día de la Independencia es el 4 de _____.

10. El Día de Año Nuevo es el primero de _____.

EJERCICIO G

You have not been feeling well and have been unable to attend school. Some of your classmates have texted you and some sent you get-well e-mails. Answer each of your friends by thanking them for their concern and telling them how you feel. Don't forget to answer each of their questions in your reply.

Querido amigo:

¿Cómo estás? Estás

muy enfermo? ¿Qué

pasa?

¡Suerte! ¡ADIÓS!

_____

_____

_____

_____

_____

_____

_____

Archivo Editar Ver Insertar Formato Opciones Herramientas Ayuda

Enviar ✓ Ortografía ⎮ ▼ 🗞 Adjuntar ⎮ ▼ 🔒 Seguridad ⎮ ▼ 💾 Guardar ⎮ ▼

De:

Para:

Asunto:

Cuerpo del texto ▼ Anchura variable

Querido amigo:

Estamos muy preocupados. ¿Cómo estás? ¿Estás aburrido en la casa? ¿Estás triste? Por favor, envía un mensaje pronto.

Con cariño,
Tus amigos de la clase de español.

EJERCICIO A

Draw a monster that corresponds to the following descriptions.

Tiene dos cabezas.	Tiene ocho piernas.	Tiene veinte dedos.
Tiene seis ojos.	Tiene ocho pies.	Tiene quince orejas.
Tiene nueve brazos.	Tiene dos bocas.	Tiene cinco corazones.
Tiene dos narices.	Tiene cuatro lenguas.	Tiene dos cuellos.
Tiene cuatro estomagos.	Tiene doce manos.	Tiene trece dientes.

EJERCICIO B

Complete the sentences with the correct form of the verb **tener.**

1. En el mes de julio yo _____ mucho calor.

2. ¿Cuántos años _____ Ud.?

3. Las mujeres _____ el pelo largo.

4. Tú _____ que ir a la escuela. Es obligatorio.

5. Alicia no es mala. Uds. no _____ razón.

6. ¡Un millón de dólares en la lotería! ¡Qué suerte _____ ella!

7. ¿Tienes una soda? Yo _____ mucha sed.

8. Después de un día en la playa nosotros _____ mucha hambre.

9. Mi abuelo es viejo. Él _____ muchos años.

10. Es medianoche. La niña _____ sueño.

EJERCICIO C

Match the sentences with their Spanish equivalents. Write the matching letter in the space provided.

1. I'm hungry now. _____   a. Tiene razón.

2. Are you thirsty? _____   b. El perro tiene frío.

3. The dog is cold. _____   c. Tengo ganas de ir al cine.

4. We have to work today. _____   d. Tengo hambre ahora.

5. I feel like going to the movies. _____   e. Tenemos que trabajar hoy.

6. You are right. _____   f. ¿Tienes sed?

7. They are wrong. _____   g. Ella tiene suerte.

8. I'm not sleepy. _____

9. She is lucky. _____

10. The young lady is 20 years old. _____

h. La muchacha tiene 20 años.

i. No tengo sueño.

j. Ellos no tienen razón.

EJERCICIO D

Using the verb **tener,** tell what each person feels.

1. _____

2. _____

3. _____

4. _____

5. _____

EJERCICIO E

Label these parts of the body.

EJERCICIO F

Acróstico. Fill in the blanks in the puzzle on page 105 based on the images you see. Then read down the boxed column for the mystery phrase.

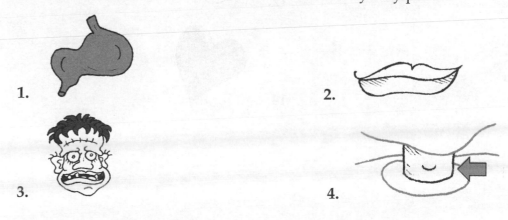

1.

2.

3.

4.

5.

6.

7.

8.

9.

10.

11.

12.

13.

14.

1. ___ ___ ___ ___ ___ ___ ___

2. ___ ___ ___ ___ ___

3. ___ ___ ___ ___ ___

4. ___ ___ ___ ___

5. ___ ___ ___

6. ___ ___ ___

7. ___ ___ ___ ___ ___

8. ___ ___ ___ ___

9. ___ ___ ___ ___

10. ___ ___ ___ ___

11. ___ ___ ___ ___

12. ___ ___ ___ ___

13. ___ ___ ___ ___

14. ___ ___ ___ ___ ___

7. _____   8. _____

9. _____   10. _____

EJERCICIO D

¿Antes o después? Give the day that comes before and after the day indicated.

1. lunes: antes del _____
2. sábado: después del _____
3. viernes: antes del _____
4. jueves: después del _____
5. miércoles: antes del _____
6. martes: después del _____
7. domingo: antes del _____

EJERCICIO A

Complete with the correct forms of **hacer.**

1. ¿Qué _____ Uds. hoy?

2. En julio y agosto _____ calor.

3. Esta noche _____ mucho viento.

4. ¿_____ Uds. ejercicio?

5. Nosotros _____ muchos exámenes en la escuela.

6. Tengo que _____ las tareas.

7. La niña _____ muchas preguntas.

8. Ellos _____ planes para las vacaciones.

9. Yo siempre _____ una lista.

10. Mi hermana y yo _____ la comida esta noche.

EJERCICIO B

Write sentences using the verb **hacer** for each of the following subjects.

1. Uds. _____

2. Yo _____

3. Ud. _____

4. Ud. y yo _____

5. Mis tíos _____

6. Tú _____

7. María y Luisa _____

8. El dentista _____

9. Nosotros _____

10. Los profesores _____

EJERCICIO C

Answer the following questions in complete Spanish sentences.

1. ¿Qué tiempo hace en el verano?

   _____

2. ¿En qué meses hace calor?

   _____

3. ¿Hace sol a medianoche?

   _____

4. ¿Cuándo nieva?

   _____

5. ¿En qué estación hace frío?

   _____

6. ¿En qué parte del día hace sol?

   _____

7. ¿Hace mucho frío en junio?

   _____

8. ¿Sale Ud. de la casa cuando llueve?

_____

9. ¿En qué mes hace viento?

_____

10. ¿Qué hace Ud. cuando hace buen tiempo?

_____

EJERCICIO D

¿Qué tiempo hace?

1. _____

2. _____

3. _____

4. _____

5. _____

6. _____

7. _____

8. _____

9. _____

10. _____

EJERCICIO E

Name the season and months for each set of pictures.

1.

meses _____

_____

estación _____   _____

2.

meses _____

_____

estación _____   _____

3.

meses _____

_____

estación _____   _____

4.

meses _____

_____

estación _____   _____

EJERCICIO F

Answer the questions about the following pictures.

1.    ¿Qué tiempo hace?

_____

2.    ¿Es primavera?

_____

3.    ¿Hace buen tiempo?

_____

4.    ¿Hace calor?

_____

5.

¿Es verano?

_____

6.

¿Hace mucho frío?

_____

7.

Hace sol?

_____

8.

¿Qué estación del año es?

_____

EJERCICIO G

Using the chapter vocabulary, fill in the chart below with words that correspond to each month. Be sure to include seasons, weather expressions, and holidays (Hint!: You may repeat many of the phrases in different months).

ENERO	FEBRERO	MARZO	ABRIL
_____	_____	_____	_____
_____	_____	_____	_____
_____	_____	_____	_____
_____	_____	_____	_____
MAYO	**JUNIO**	**JULIO**	**AGOSTO**
_____	_____	_____	_____
_____	_____	_____	_____
_____	_____	_____	_____
_____	_____	_____	_____
SEPTIEMBRE	**OCTUBRE**	**NOVIEMBRE**	**DICIEMBRE**
_____	_____	_____	_____
_____	_____	_____	_____
_____	_____	_____	_____
_____	_____	_____	_____

EJERCICIO H

Write the script for a weather report for the next 2 days in your town or city. Include what the weather is like each day. Perform your weather report for the class!

_____

_____

_____

EJERCICIO I

Brainstorm all the things you and your friends do or make using the verb **hacer,** by writing words and phrases around each of the figures below. Follow the model:

Yo hago…	**Mis amigos hacen…**
una lista	
la tarea	

Nombre: _____ Clase: _____ Fecha: _____

15

EJERCICIO A

Identify the rooms.

1. _____

2. _____

3. _____

4. _____

5. _____

EJERCICIO B

Write a sentence describing each piece of furniture. You can include some of the following adjectives.

pequeño	viejo	antiguo	elegante
grande	feo	moderno	cómodo
bonito	nuevo		

1. _____

2. _____

3. _____

4. _____

5. _____   6. _____

7. _____   8. _____

EJERCICIO C

Match the object with the room, then write a sentence following the model.

1. la cama   a. el comedor   → **La cama está en el dormitorio.**

2. el sillón   b. la silla

3. la nevera   c. la sala

4. la mesa   d. el dormitorio

5. la toalla   e. el baño

_____

_____

_____

_____

EJERCICIO D

Label each article and rooms, and then connect the pictures.

Furniture   Rooms of house

EJERCICIO E

Answer the questions using the Spanish forms of possessive adjectives according to the clues in parentheses.

EXAMPLE: ¿De quién es la escuela? (de las niñas) ➔ **Es su escuela.**

1. ¿De quién es el automóvil? (nosotros) _____

2. ¿De quién es la computadora? (ellas) _____

3. ¿De quién son los libros? (él) _____

4. ¿De quién son las cartas? (Uds.) _____

5. ¿De quién es la comida? (yo) _____

6. ¿De quién es el periódico? (tú) _____

7. ¿De quién es la casa? (ella) _____

8. ¿De quién son las plumas? (Maribel) _____

9. ¿De quién son las bebidas? (ellos) _____

10. ¿De quién es el regalo? (yo) _____

EJERCICIO F

Change the expressions in boldface to the plural. Make all other necessary changes.

EXAMPLES: Hablo con **mi amigo**.
           Hablo con *mis amigos*.
           Mi hija está en la playa.
           Mis hijas están en la playa.

1. La niña toma **su helado.**

    _____

2. ¿Dónde está **mi hermano?**

    _____

3. **Nuestro tío** es rico.

_____

4. El alumno aprende **su lección.**

_____

5. No bailo con **su prima.**

_____

6. ¿Tienes **tu cuaderno?**

_____

7. **Su hija** no come carne.

_____

8. **Nuestro hermano** estudia mucho.

_____

9. **Mi padre** no está aquí.

_____

10. ¿Preparas **tu tarea**?

_____

EJERCICIO G

Rewrite the following phrases, making appropriate changes in the possessive adjectives.

EXAMPLE: mis hermanas (familia)
          mi familia

1. su casa (libros) _____

2. nuestros compañeros (amiga) _____

3. tus hijos (profesor) _____

4. mi computadora (lápices) _____

5. sus ideas (cuaderno) _____

6. nuestra escuela (padres) _____

7. tu blusa (ojos) _____

8. su perro (gato) _____

9. nuestras amigas (bicicleta) _____

10. mis problemas (dinero) _____

EJERCICIO H

Answer the following personal questions.

En tu casa, ¿dónde está/están…

1. tu cama?

   _____

2. el cepillo de dientes de tu padre?

   _____

3. los juguetes de tu hermano/a?

   _____

4. la mochila de tu hermano/a?

   _____

5. los libros de tus abuelos?

   _____

Write a sentence for each subject indicated by the pronoun in parentheses. Use the verb **gustar**.

EJERCICIO A

Fill in the plate with food in each category from the vocabulary on Lesson 16 of the student's book.

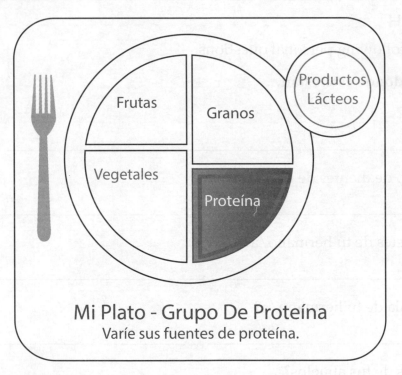

Mi Plato - Grupo De Proteína
Varíe sus fuentes de proteína.

Frutas   Granos

_____   _____

_____   _____

Vegetales   Proteína

_____   _____

_____   _____

_____   _____

EJERCICIO B

EXAMPLE: (yo) las flores
Me gustan las flores.

1. los sombreros no (yo) _____

2. el cereal no (tu) _____

3. la leche no (ellos) _____

4. las vacaciones no (ella) _____

5. el pescado no (Ud.) _____

6. la ensalada no (nosotros) _____

7. los actores no (ellas) _____

8. el cine no (el profesor Juarez) _____

9. las legumbres (yo) _____

10. el rosbif (nosotras) _____

EJERCICIO C

Replace the persons before **gustar** with the new ones in parentheses, making all necessary changes.

EXAMPLE: A Roberto y Fernando les gusta el café.
(ellos) **A ellos les gusta el café.**
(Onidina) **A Onidina le gusta el café.**

1. (tú) _____

2. (Ud.) _____

3. (Uds.) _____

4. (nosotros) _____

5. (ellos) _____

6. (ellas) _____

7. (Pablo) _____

8. (Jorge y Ana) _____

9. (mis padres) _____

10. (su hermano) _____

EJERCICIO D

Complete the sentences.

EXAMPLE: (los alumnos) **A los alumnos les gusta el helado.**

1. (nosotros) _____ las clases.

2. (ellos) _____ los huevos fritos.

3. (Ud.) _____ el jugo de naranja.

4. (yo) _____ el azúcar.

5. (Elena) _____ el tocino.

6. (Ricardo) _____ el pudín de chocolate.

7. (tú) _____ los vegetales.

8. (nosotros) _____ la sopa.

9. (ella) _____ la tostada.

10. (Uds.) _____ las papas fritas.

EJERCICIO E

By looking at the pictures, tell what the following people like to do.

EXAMPLE:

(Hector) **A Héctor le gusta mirar la televisión.**

1. (Antonio) _____

2. (Graciela y Andrés) _____

3. (mis padres) _____

4. (Julio) _____

5. (Mercedes) _____

6. (Rosalía) _____

7. (los niños) _____

EJERCICIO F

Buscapalabras. Can you find the twenty words related to eating? Circle them from left to right, right to left, up or down, and then list them below.

N	M	A	Y	O	N	E	S	A	F
T	V	Z	O	S	A	V	E	F	R
O	1	Ú	C	E	R	E	A	L	I
S	N	C	E	N	A	H	A	E	J
T	O	A	P	A	N	U	P	C	O
A	R	R	O	Z	J	G	O	H	L
D	A	B	L	C	A	O	S	E	E
A	S	A	L	G	H	A	D	O	S
I	J	M	O	S	T	A	Z	A	M
U	V	A	P	A	P	A	S	T	É

1. _____   11. _____

2. _____   12. _____

3. _____   13. _____

4. _____   14. _____

5. _____   15. _____

6. _____   16. _____

7. _____   17. _____

8. _____   18. _____

9. _____   19. _____

10. _____   20. _____

EJERCICIO G

Write a list of activities that you like to do in each of the four seasons. Use the verb **gustar**.

la primavera   **el verano**

EXAMPLE: **Me gusta jugar al béisbol.**

_____   _____

_____   _____

_____   _____

_____   _____

el otoño   **el invierno**

_____   _____

_____   _____

_____   _____

EJERCICIO A

Crucigrama.

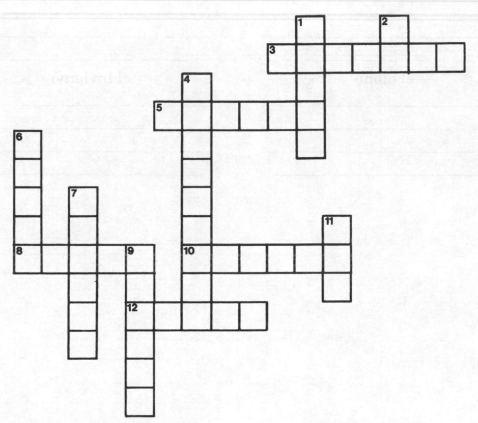

1. far	5. beside	9. above
2. in, on	6. above, on	10. under
3. in front	7. behind	11. through, by
4. around	8. between	12. near

EJERCICIO B

¿Sí o no? The following sentences should describe the picture. If the description is correct, write **cierto**. If not, correct the sentence.

1. La profesora está detrás de la clase.

   _____

2. La alumna está cerca de la puerta.

   _____

3. La pluma está sobre el escritorio.

   _____

4. El lápiz está en la mano de la alumna.

   _____

5. La profesora está al lado de la ventana.

   _____

6. Los libros están debajo del escritorio.

_____

7. El mapa está encima del reloj.

_____

8. El reloj está detrás de la pared.

_____

9. La silla está delante del escritorio.

_____

10. El mapa está entre la puerta y la ventana.

_____

EJERCICIO C

José has **una hermanita** who always contradicts him and says the opposite. Tell what she says.

1. José: La tienda está cerca de aquí.

   Hermanita: _____

2. José: Mamá está delante de la puerta.

   Hermanita: _____

3. José: Tu blusa está debajo de la cama.

   Hermanita: _____

4. José: La bicicleta está en frente de la casa.

   Hermanita: _____

EJERCICIO D

Tell where each place is on the map.

EXAMPLE: ¿Dónde está el teatro?
El teatro está al lado de la plaza.

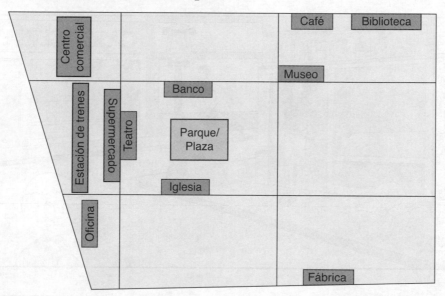

1. ¿Dónde está el café? _____

2. ¿Dónde está la fábrica? _____

3. ¿Dónde está la iglesia? _____

4. ¿Dónde está la biblioteca? _____

5. ¿Dónde está la oficina? _____

6. ¿Dónde está el supermercado? _____

7. ¿Dónde está la estación de trenes? _____

8. ¿Dónde está el banco? _____

9. ¿Dónde está el centro comercial? _____

10. ¿Dónde está el parque? _____

EJERCICIO E

Las diez diferencias. The two pictures on page 134 may look alike at first glance, but there are ten differences. Can you spot them? Describe them by completing the following sentences.

PRIMER CUADRO

SEGUNDO CUADRO

1. Del otro lado de la calle hay una

    _____.

2. La persona que sale de la panadería

    es una _____

3. La puerta tiene el número

    _____.

4. Hay un _____

    en la calle.

5. Un muchacho _____

    por la calle.

6. La puerta está _____.

7. El hombre no lleva _____.

8. No hay _____ en

    el escaparate (*display window*) de

    la panadería.

9. El animal es un _____.

10. La puerta de la carnicería no tiene

    _____.

Del otro lado de la calle hay una

_____.

La persona que sale de la panadería

es una _____.

La puerta tiene el número

_____.

Hay dos _____.

en la calle.

Un muchacho _____.

en la calle.

La puerta está _____.

El hombre lleva _____.

En el escaparte de la panadería se

ven (*one sees*) _____.

El animal es un _____.

La puerta de la lechería tiene una

_____.

EJERCICIO F

Answer the following questions about what you can do in each of these places around town.

1. ¿Qué haces en el café?

   _____

2. ¿Qué hacen en la fábrica?

   _____

3. ¿Qué hacemos en la biblioteca?

   _____

4. ¿Qué hacen en la oficina?

   _____

5. ¿Qué hacemos en el supermercado?

   _____

6. ¿Qué hace el hombre en la estación de trenes?

   _____

7. ¿Qué hace la mujer en la terminal de autobuses?

   _____

8. ¿Qué hacemos en el aeropuerto?

   _____

9. ¿Qué hago en el banco?

   _____

10. ¿Qué hacemos en el centro comercial?

    _____

EJERCICIO A

The sales staff of a leading electronics store is doing an hourly tally of the number of customers that have come into the videogame department during its inventory sale. Match the times with the numbers of visitors based on the information below.

Venta de videojuegos

10am	_18_ personas
11am	_27_ personas
12pm	_34_ personas
1pm	_46_ personas
2pm	_57_ personas
3pm	_69_ personas
4pm	_73_ personas
5pm	_85_ personas
6pm	_98_ personas
7pm	_112_ personas

1. a las once
2. a la una
3. a las tres

a. setenta y tres personas
b. veintisiete personas
c. ochenta y cinco personas

4. a las doce   d. cuarenta y seis personas
5. a las cuatro   e. cincuenta y siete personas
6. a las cinco   f. noventa y ocho personas
7. a las dos   g. dieciocho personas
8. a las seis   h. ciento doce personas
9. a las diez   i. sesenta y nueve personas
10. a las siete   j. treinta y cuatro personas

EJERCICIO B

Crucigrama de números. In the puzzle are the numbers 20 to 100 by 10's. Can you find them all?

EJERCICIO C

Write out the missing numbers for the following series.

1. diez, doce, _____, _____,

_____, veinte, _____.

2. treinta, cuarenta, _____, _____,

    _____, _____,

    _____, cien.

3. quince, veinte, _____, _____,

    _____, _____, cuarenta y cinco,

    _____, _____, sesenta.

4. cien, noventa, _____, _____,

    _____, cincuenta, _____,

    _____, veinte, _____.

5. tres, seis, nueve, _____, _____,

    _____, veintiuno.

EJERCICIO D

A Spanish radio announcer is reading off the numbers of the following winning
tickets. Write them in Spanish.

1. LOTERÍA NACIONAL   10   33   54   _____

    _____

    _____

2. LOTERÍA NACIONAL   17   96   81   _____

    _____

    _____

3. LOTERÍA NACIONAL   75   20   66   _____

    _____

    _____

4.

_____

_____

_____

5.

_____

_____

_____

6.

_____

_____

_____

EJERCICIO E

Express how much each item costs.

EXAMPLE: la mesa = 45 pesos   -->   **La mesa cuesta ochenta y cinco pesos.**

1. la mochila = 15 pesos   _____

2. el sofá = 63 pesos   _____

3. la nevera = 100 pesos   _____

4. la alfombra = 54 pesos   _____

5. la bicicleta = 87 pesos   _____

6. el libro = 7 pesos   _____

7. el sillón = 72 pesos   _____

8. la computadora = 98 pesos   _____

EJERCICIO F

Write out the temperatures for each of the following cities according to the illustrations.

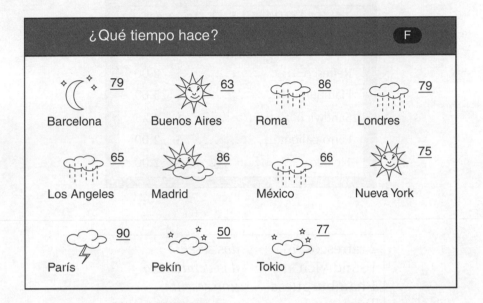

¿Qué tiempo hace?　　F

| Barcelona | 79 | Buenos Aires | 63 | Roma | 86 | Londres | 79 |

Los Angeles 65　Madrid 86　México 66　Nueva York 75

París 90　Pekín 50　Tokio 77

EXAMPLE: Pekín　**cincuenta grados**

1. Tokio _____　　6. Los Angeles _____

2. Buenos Aires _____　　7. Madrid _____

3. Barcelona _____　　8. México _____

4. Roma _____　　9. Nueva York _____

5. Londres _____　　10. París _____

EJERCICIO G

Julia has a job figuring out bills according to a price list. The manager wants all numbers written out to avoid errors.

```
CAFETERIA « LA ESTRELLA »
              ★
       LISTA DE PRECIOS
Refresco......................$  2.00
Hamburguesa................ $  5.60
Sandwich.....................$  4.25
Perro caliente............... $  2.00
Helado......................$  2.00
```

EXAMPLE:

2 refrescos	*dos sesenta*
1 sándwich	*dos veinticinco*
1 hamburguesa	*uno sesenta*
Total	*seis cuarenta y cinco*

1.
2 hamburguesas	_____
2 refrescos	_____
Total	_____

2.
1 perro caliente	_____
1 refresco	_____
Total	_____

3.
1 perro caliente	_____
1 hamburguesa	_____
2 helados	_____
Total	_____

2 sándwiches	_____	
2 refrescos	_____	
4.	Total	_____

1 sándwich	_____	
1 refresco	_____	
1 helado	_____	
5.	Total	_____

2 perros calientes	_____	
2 helados	_____	
6.	Total	_____

EJERCICIO H

Your new key pal wants to know about your family, friends and place where you live. Write him/her a message.

_____

_____

_____

_____

EJERCICIO A

Using the correct form of **ir**, tell where everyone is going.

1. Tú / mucho al cine

   _____

2. Uds. / al estadio

   _____

3. Josefina / a la playa en el verano

   _____

4. Tu mejor amigo / con frecuencia a los conciertos

   _____

5. Yo / a la fiesta del sábado

   _____

6. Tú y tus amigos / a México en las vacaciones

   _____

7. Nosotros / al parque zoológico

   _____

8. La clase de español / al museo

   _____

9. Susana y Javier / a nadar en la piscina

_____

10. Mis hermanos y hermanas / a la discoteca con sus amigos

_____

EJERCICIO B

1. Nueva York
2. México, D.F.
3. Santo Domingo
4. Managua
5. Caracas
6. Bogotá
7. Lima
8. Asunción
9. Buenos Aires
10. Santiago

Look at the map. Using the correct form of **ir**, choose a place where the people on the next page are going.

EXAMPLE: yo   **Yo voy a Nueva York.**

1. Mario _____

2. tú _____

3. él _____

4. ella _____

5. Ud. _____

6. nosotros _____

7. Uds. _____

8. ellos _____

9. María _____

10. Jorge y su mamá _____

EJERCICIO C

Complete with the proper form of **ir**.

1. Yo _____ al cine.

2. Luis y Ana _____ al concierto.

3. ¿_____ ella al parque?

4. Francisco y yo _____ al estadio.

5. Mi madre _____ al teatro.

6. ¿_____ Uds. a la discoteca?

7. La familia no _____ al circo.

8. Tú _____ a la fiesta, ¿no?

9. Rafael y yo _____ a la piscina.

10. Ellos _____ a la playa.

EJERCICIO D

Going places. All these people are going somewhere, but by different means. Can you tell where and how in Spanish?

1. Marta va a la escuela a pie.

2. Mis primas _____.

3. El presidente _____

_____.

4. Mi mamá _____

_____.

5. Los muchachos _____

_____.

6. El doctor Méndez _____

_____.

7. Los turistas _____

_____ .

8. Los hombres y las mujeres _____

_____ .

EJERCICIO E

Say where each person is going and at what time.

EXAMPLE: Ellos / el cine / 9 pm   **Ellos van al cine a las nueve de la noche.**

1. yo / la discoteca / 10 pm

_____

2. tú / el teatro / 8:30 am

_____

3. ella / el concierto / 11:15 pm

_____

4. nosotros / la fiesta / 7:10 pm

_____

5. yo / el estadio / 3 pm

_____

6. mis padres / el circo / 2:20 pm

_____

7. Ud. / la piscina / 11:45 am

_____

8. Nuestros amigos / la playa / 12:00 pm

_____

9. Uds. / el parque de atracciones / 9:30 am

_____

10. Mi amigo y yo / el parque zoológico / 10:35 am

_____

EJERCICIO F

Each of your friends wrote a blog post about what they most like to do on the weekend. Can you match each illustration with its corresponding description?

_____ _____ _____ _____

1. Cuando van todos mis amigos juntos, es muy divertido. Bailamos y comemos.

2. Me encanta ver las obras diferentes. Los actores tienen mucho talento.

3. Las películas que más me gustan son románticas. Voy con mi amiga todos los viernes.

4. Me gusta mucho nadar y tomar el sol. A veces voy con comida para almorzar en la arena.

EJERCICIO G

Fill in the blanks with the correct form of the verb ir.

Un fin de semana típico

Los viernes mis amigos y yo _____ al cine para ver una película.

Después nosotros _____ al café para charlar y comer y tomar

algo. Los sábados yo _____ al parque para jugar fútbol y mi

hermana _____ a su clase de baile. Por la tade mis padres

_____ a la biblioteca y yo _____ a la casa de mi

mejor amigo, Guille. Los domingos mis amigos y yo _____ al

centro comercial y mi hermana _____ a la casa de su mejor amiga

para jugar. ¿Y tú? ¿Adónde _____?

EJERCICIO A

Your best friend wrote a list of items she needs for an upcoming surprise party, but she always asks for too much! Look at her list and divide it into things she wants (**quiere**) and things she needs (**necesita**).

una orquesta famosa	mesas extras
una piñata con muchos dulces	flores para todas las mesas
comida y refrescos para todos	muchas sillas
un payaso	globos de muchos colores
serpentinas	una torta de cumpleaños
unos vasos plásticos	música para bailar

Quiere...	Necesita...

EJERCICIO B

Write what each person thinks about the different topics.

EXAMPLE: Ellos / el baile / divertido
Ellos piensan que el baile es divertido.

1. Ellas / la profesora / magnífico

   _____

2. Tú / el regalo / bonito

   _____

3. Mamá / la fiesta / excelente

   _____

4. Ud. / el partido de fútbol / aburrido

   _____

5. Nosotros / el cumpleaños / alegre

   _____

6. Uds. / los chicos / inteligente

   _____

7. Las muchachas / la contaminación / peligroso

   _____

8. Tú y yo / la película / interesante

   _____

9. Yo / la clase de español / fácil

_____

10. Ella / la comida de la cafetería / deliciosa

_____

EJERCICIO C

Using the correct form of the verb **pensar**, tell what everyone is thinking about.

EXAMPLE: **Jorge piensa en su auto nuevo.**

1. Yo _____.

2. Tú _____.

3. Él _____.

4. Ella _____.

5. Ud. _____.

6. Nosotros _____.

7. Uds. _____.

8. Ellos _____.

9. Luisa _____.

10. Jaime y su papá _____.

EJERCICIO D

Complete with the proper form of **poder**. Tell what each one can do.

EXAMPLE: **María puede cantar.**

1. Yo _____

2. Paco y Pepe _____

3. ¿ _____ Uds. _____?

4. Mi hermana y yo _____

5. El médico _____

6. ¿ _____ tú _____?

7. Mi mamá _____

8. Ud. _____

9. Nosotros _____

10. Ellas _____

EJERCICIO E

Un diálogo incompleto. Your mother and you are discussing what you're going to get at the supermarket. Complete the dialog.

Mamá: Voy al supermercado. ¿Qué necesitamos?

Usted: _____

Mamá: ¿Puedes pensar en otras cosas?

Usted: _____

Mamá: Bueno, voy en media hora. ¿Qué piensas hacer ahora?

Usted: _____

Mamá: ¿Puedes ir también?

Usted: _____

Mamá: Entonces, no hay problema. Vamos.

Usted: _____

EJERCICIO F

Write two lists in Spanish as directed below. Each list must contain at least six items.

1. You're having a party at your house. In Spanish, list some of the foods you might want to buy.

   _____   _____

   _____   _____

   _____   _____

2. Your parents went away for the weekend and have left you some money for groceries. List some of the things you would buy.

   _____   _____

   _____   _____

   _____   _____

EJERCICIO A

You are at the department store and you would like to try on the same clothing as the mannequin is wearing. Tell the store clerk which articles of clothing you would like to try on.

Modelo: Yo quiero probar … esa chaqueta, etc.

_____

_____

_____

_____

EJERCICIO B

Mateo and Gloria are going shopping for outfits for a big party. Fill in their dialogue with the missing words according to the hints in parentheses.

Mateo: Me gusta _____ traje y _____ corbata.
                            1. (that)   **2.** (that)

Gloria: ¿No te gusta más _____ chaqueta?
                                        3. (that)

Mateo: No sé. Me gustan mucho _____ pantalones y
                                                4. (those)

                _____ camisa.
                5. (that)

Gloria: ¿Y qué te parece _____ falda y _____ blusa?
                                        6. (this)   **7.** (this)

Mateo: Me gusta la falda, pero prefiero _____ vestido con
                                                            8. (this)

                _____ zapatos.
                9. (these)

Gloria: Tienes razón. Y _____ suéter va bien con el vestido.
                                    10. (this)

EJERCICIO C

You're walking down the street with your little sister. You point out things to her as you go.

EXAMPLE: **Mira aquel autobús.**

1. _____

2. _____

3. _____

4. _____

5. _____

6. _____

7. _____

8. _____

9. _____

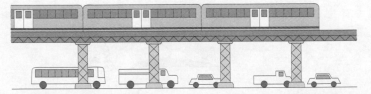

10. _____

EJERCICIO D

Match each part of the body in the left column with an appropriate article of clothing in the right column. Sometimes more than one clothing item is possible. Write the matching letters in the space provided.

1. el cuerpo _____
2. la cabeza _____
3. el pelo _____
4. la mano _____
5. los dedos _____
6. la pierna _____
7. el pie _____
8. el cuello _____
9. el brazo _____
10. el pecho _____
11. el estómago _____

a. el traje
b. la blusa
c. el cinturón
d. el suéter
e. el vestido
f. la falda
g. los zapatos
h. las medias
i. el sombrero
j. los guantes
k. el abrigo
l. la chaqueta
m. la corbata
n. los pantalones
o. los calcetines
p. la camisa

EJERCICIO E

Complete the sentences in Spanish.

1. (red shirt) Me gusta tu _____.
2. (T-shirt) No llevo _____.
3. (new shoes) ¿Quieres los _____?
4. (gloves) Cuando hace frío ella lleva _____.
5. (black suit) Mi padre necesita un _____.

6. (pretty tie) Ricardo lleva una _____.

7. (bathing suit) Eva compra un _____.

8. (dress) Mi _____ es azul.

9. (socks) Queremos comprar _____.

10. (jacket) No me gusta su _____.

EJERCICIO F

Diálogo incompleto. A customer is being waited on in a clothing store. Complete the dialog taking the part of the customer.

Dependiente: Buenas tardes. ¿En qué puedo servirle?

Usted: _____
(Say that you are looking for a nice shirt.)

Dependiente: Tenemos una buena selección en todos los colores. ¿Cuál quiere Ud?

Usted: _____
(Make your selection.)

Dependiente: Quiere Ud. algo más?

Usted: _____
(Say you need a tie to go with the shirt.)

Dependiente: Me parece que esta corbata va muy bien con la camisa. ¿Qué más desea Ud.?

Usted: _____
(Say that's all you want for now.)

EJERCICIO G

Crucigrama de la ropa.

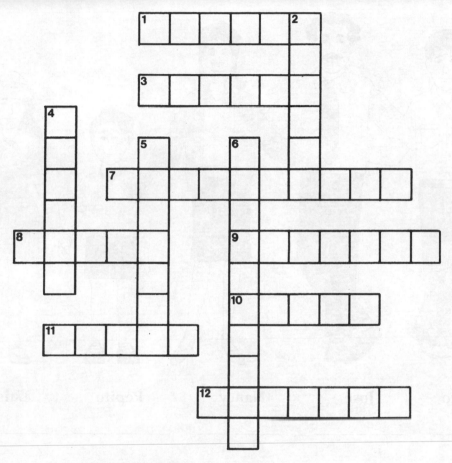

HORIZONTAL

1. shirt
3. sweater
7. pants
8. skirt
9. tie
10. suit
11. blouse
12. dress

VERTICAL

2. overcoat
4. stockings
5. shoes
6. socks

EJERCICIO H

Here's a well-dressed family. List what each member is wearing today.

Robertico	José	Nancy	Pepito	Luisita
_____	_____	_____	_____	_____
_____	_____	_____	_____	_____
_____	_____	_____	_____	_____
_____	_____	_____	_____	_____
	_____	_____		

EJERCICIO I

Las siete diferencias.

Nelida and Minerva are attending fashion school. They were told to dress up a set with mannequins. Here's the result. Can you spot differences in their work?

(1)

(2)

1. _____
2. _____
3. _____
4. _____
5. _____
6. _____
7. _____

EJERCICIO J

Each of these advertisements is missing part of the store name. Can you guess each store name by skimming the words in the advertisements?

_____ Coatzingo

Vendemos todo tipo de pan, tostadas y panecillos para su casa.

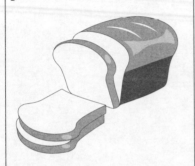

1.

_____ Mediterráneo

Vengan a comprar los mariscos y pescados más frescos y sabrosos.

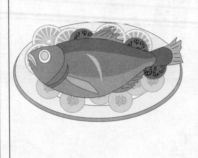

2.

_____ Amazonas

¡Tenemos flores, plantas y más para todas sus celebraciones y fiestas!

3.

_____ Paraíso

Ricuras de Azúcar ¡Niños! ¡Aquí tienen todos los dulces que más les gustan! Chocolate, bonbones, paletas y mucho más…

4.

_____ La Huerta

Les ofrecemos las manzanas más rojas, las naranjas más jugosas, y las fresas más ricas… de la huerta a tu mesa.

5.

_____ El Rancho

Carne de res, carne de cerdo, pollo y ternera…. Tenemos todo para su fogata y para su familia.

6.

EJERCICIO A

Classify these animals according to their habitat.

el mono	el pato	el león	el toro
el pájaro	el mono	el perro	la vaca

el agua	la tierra	el aire
_____	_____	_____
_____	_____	_____
_____	_____	_____
_____	_____	_____

EJERCICIO B

Complete the following sentences using the verb **decir**.

1. Ellos _____ que los perros son bonitos.

2. Ud. _____ que los caballos son rápidos.

3. Los niños _____ que los conejos son adorables.

4. Uds. _____ que los lobos son feroces.

5. Nuestro profesor _____ que los monos son cómicos.

6. Juan Carlos y yo _____ que los toros son fuertes.

7. Mis padres _____ que los elefantes son enormes.

8. Tú _____ que los patos son interesantes.

9. Mi abuela _____ que los leones son feroces.

10. Sus hijos _____ que los pájaros son bonitos.

EJERCICIO C

There is a lot of popular wisdom surrounding animals. See if you agree with each statement.

	Cierto	Falso
1. Los ratones son muy grandes.	☐	☐
2. La vaca pone huevos deliciosos.	☐	☐
3. Los pájaros son feroces.	☐	☐
4. Los leones son tranquilos.	☐	☐
5. Los zorros son inteligentes.	☐	☐
6. Los elefantes son fuertes.	☐	☐
7. Los gatitos son adorables.	☐	☐
8. Los tigres son feroces	☐	☐
9. Los burros transportan a las personas.	☐	☐
10. Los puercos cantan bonito.	☐	☐

Now write five statements about animals that you believe to be true.

1. _____

2. _____

3. _____

4. _____

5. _____

EJERCICIO D

There are many animals in this picture. Do you know the names of all of them?
Fill in their names on the labels.

EJERCICIO E

Diálogo incompleto. A father is talking to his son about a trip that the son took to the zoo with his class. Take the part of the son and complete the dialog.

Papá: ¿Te gusta el parque zoológico?

Hijo: _____
(Say yes and tell why.)

Papá: ¿Qué animales te gustan más?

Hijo: _____
(Indicate which ones.)

Papá: ¿Qué otras actividades hacen ustedes?

Hijo: _____
(Name two activities.)

Papá: ¿Quieres ir al parque zoológico el domingo?

Hijo: _____
(Express gratitude, but indicate you want to go somewhere else.)

EJERCICIO F

Animals make different sounds in Spanish. For example, in English a dog says "Bow wow," while in Spanish a dog says "Guau, guau." Match the sounds with the animals that you think make each one (hint: try saying them out loud). Then write a sentence using the verb **decir**.

EXAMPLE: **El perro dice "guau-guau".**

1.	cerdo	**a.**	grrr, grrrgr
2.	gallina	**b.**	mu, muuu
3.	gato	**c.**	oinc-oinc
4.	león	**d.**	coc co co coc
5.	pato	**e.**	miau
6.	vaca	**f.**	cuac cuac

1. _____

2. _____

3. _____

4. _____

5. _____

6. _____

EJERCICIO G

What are some things that you have heard about different animals from the news or other information sources? Write five sentences describing what "they say" («**Dicen que…**») about different animals in danger of extinction. Use the internet to find out some specific details to make your sentences more interesting.

EXAMPLE: Dicen que hay menos de 30,000 leones salvajes en Africa hoy día.

1. _____

2. _____

3. _____

4. _____

5. _____

EJERCICIO H

Palabras revueltas. Unscramble the names of the following animals to find a ninth animal hidden in the circles. (For this exercise, count LL as one letter.)

1. NELÓ

2. OPTA

3. GIRET

4. ACAV

5. BALLACO

6. TORRIPE

7. TRANÓ

8. TOGA

Solución:

EJERCICIO A

What are the nationalities of the following people?

1. Isabel es _____.

2. Diego es _____.

3. John y Susan son _____.

4. Wilfredo es _____.

5. Dolores es _____.

6. Nigel y Penelope son _____.

7. Francesco es _____.

8. Lisette es _____.

EJERCICIO B

At a party, you overhear the following conversation, but the music is loud and you miss some of the information. Use the clues to fill in the blanks with the missing words.

AKIKO: ¡Hola! Soy Akiko. Soy del Japón. Hablo _____.

ELENA: Buenas tardes. Me llamo Elena. Hablo ruso. Soy de
                _____.

                Te presento a mi amigo, Chuy. Es _____, de la
                parte norte de México.

AKIKO: ¡Hola, Elena! ¡Hola, Chuy! Mi amiga María es de Portugal
                y ella habla _____. Chuy, ¿tú entiendes cuando
                ella habla?

CHUY: No mucho. Mi idioma, el _____ es similar, pero
                diferente al portugués; son dos idiomas distintos.

AKIKO:	Claro. Comprendo perfectamente bien. Tengo un amigo de la China que habla _____. ¡A veces la gente me pregunta si nosotros hablamos el mismo idioma!
MARISKA:	¡Qué locura! Yo no soy francesa, pero sí hablo _____. Es muy importante ser multilingüe, ¿no creen?
AKIKO y CHUY:	¡De acuerdo! Sí, da*, shuh**, hai***!

*   Yes in Russian

**   Yes in Chinese

*** Yes in Japanese

EJERCICIO C

Form sentences according to the example.

EXAMPLE: Jean/italiano/francés
Jean no es italiano, es francés.

1. yo/alemán/inglés

   _____

2. Ud./norteamericano/canadiense

   _____

3. tú/cubano/uruguayo

   _____

4. Wong/japonés/chino

   _____

5. Iván/alemán/ruso

   _____

6. María/portuguesa/española

_____

7. Nosotros/suizos/franceses

_____

8. Las muchachas/africanas/chinas

_____

9. El profesor/argentino/paraguayo

_____

10. Paulo/brasileño/portugués

_____

EJERCICIO D

Pasatiempo. Fill in the missing letters in each country. Then join the letters to find out where Mario is going for his vacation.

1. B R A S I __

2. F R A N C I __

3. E __ U A D O R

4. E S T A D __ S U N I D O S

5. E __ P A Ñ A

6. H A I __ Í

7. __ L E M A N I A

8. C A N A __ Á

9. P __ R Ú

10. I N G __ A T E R R A

11. R U __ I A

12. M É X I C __

13. I T A __ I A

Mario va a: __ __ __ __ __ __ __ __ __ __ __ __ __

EJERCICIO E

By looking at the pictures, tell the nationality of the people mentioned.

1. Luigi es _____.

2. Mireille es _____.

3. Las señoras son _____.

4. Juan es _____.

5. Max es _____.

6. Pablo es _____.

EJERCICIO F

From the information on the maps, write the names in Spanish of the following countries.

1. _____ 2. _____

3. _____ 4. _____

5. _____ 6. _____

7. _____ 8. _____

9. _____

EJERCICIO G

Diálogo incompleto. A travel agent is helping a customer with her vacation plans. Take the part of the customer and complete the dialog.

Agente: Buenas tardes. ¿Qué desea?

Usted: _____
(Say that you have a two-week vacation and would like to travel somewhere.)

Agente: ¿Quiere Ud. hacer un viaje a Europa? Por ejemplo, a España, Francia o Italia?

Usted: _____
*(Tell him that you don't have a lot of money.
You want to go to a tropical island where it's warm.)*

Agente: Hay muchas islas en el Caribe. Por ejemplo, Puerto Rico, La República Dominicana...

Usted: _____

(Say that you like the idea. Ask him if you can leave tomorrow.)

Agente: Sí, claro. Voy a llamar a un hotel de San Juan para reservar un cuarto. ¿Está bien?

Usted: _____

(Tell him you agree. Say that you want to swim in the sea and sunbathe.)

EJERCICIO A

A well-rounded education consists of classes from different subject areas. Classify the subjects into these main categories: **ciencias**, **humanidades**, **artes**, **otras**.

CIENCIAS   ARTES

HUMANIDADES   OTRAS

EJERCICIO B

Answer the following personal questions about what you did yesterday after school at home.

1. ¿A qué hora llegaste de la escuela?

   _____

2. ¿Qué comiste para la cena?

   _____

3. ¿Qué comiste de postre?

   _____

4. ¿Con quién hablaste durante la cena?

   _____

5. ¿Qué hiciste después de la cena?

   _____

6. ¿Qué programas miraste en la televisión?

   _____

7. ¿Qué asignaturas estudiaste?

   _____

8. ¿Qué música escuchaste en tu habitación?

   _____

EJERCICIO C

Construct complete sentences in the preterit using the given subjects and phrases.

EXAMPLE: yo/comprar un regalo
Yo compré un regalo.

1. Ud./contar el dinero

   _____

2. tú/vivir en la ciudad

   _____

3. ellos/llegar tarde

   _____

4. él/recibir el premio

   _____

5. los niños/comer la fruta

   _____

6. yo/beber el café

   _____

7. Francisca/salir temprano

   _____

8. Uds./celebrar la fiesta

   _____

9. el perro/correr rápidamente

   _____

10. tú/mirar la televisión

    _____

EJERCICIO D

Berto and Olga have full schedules. Here are the different classes. Can you fill in their program cards on page 189?

BERTO	OLGA

1.

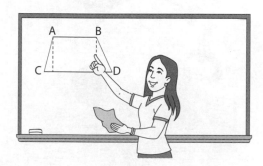

2.

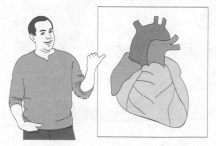

3.

BERTO   OLGA

4.

5.

6.

7.

8.

Roberto Rivas	Olga García
1er Período _____	1er Período _____
2ndo Período _____	2ndo Período _____
3er Período _____	3er Período _____
4to Período _____	4to Período _____
5to Período _____	5to Período _____
6to Período _____	6to Período _____
7mo Período _____	7mo Período _____
8vo Período _____	8vo Período _____

EJERCICIO E

Tell in what class the following statements would be heard.

1. Colón descubrió el Nuevo Mundo en 1492. _____

2. El pretérito del verbo expresa el pasado. _____

3. Uds. cantaron muy bien ayer. _____

4. Ud. necesita usar colores más brillantes. _____

5. Vamos a leer una obra de Shakespeare. _____

6. El sistema nervioso de los vertebrados es muy complicado. _____

7. Para formar un triángulo son necesarias tres líneas. _____

8. El oro es uno de los elementos básicos. _____

9. Es importante respirar fuerte al hacer ejercicio. _____

10. Internet es una herramienta muy popular. _____

EJERCICO F

Diálogo incompleto. Lázaro and Elena are discussing their classes. Take the part of Elena.

Lázaro: Hola, Elena. ¿Adónde vas ahora?

Elena: _____
(Say that you are going to your Spanish class.)

Lázaro: ¿Quién es tu profesor de español?

Elena: _____
(Name your Spanish teacher and give your opinion of him/her.)

Lázaro: Estás nerviosa. ¿Por qué?

Elena: _____
(Tell him that you have a test today and that you studied a lot last night.)

Lázaro: Todo va a ir bien. Buena suerte en el examen.

_____
(Thank him and say you'll see him later.)

EJERCICIO G

Write a blog post about what you did yesterday in school. Describe what you did in different classes – don't forget to use the preterit tense!

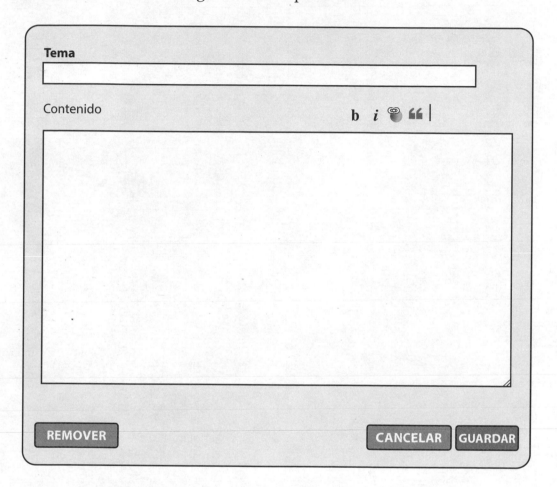